슈퍼트랙 엠타이니 워크북

엠타이니와 놀자!
Let's play with mTiny!

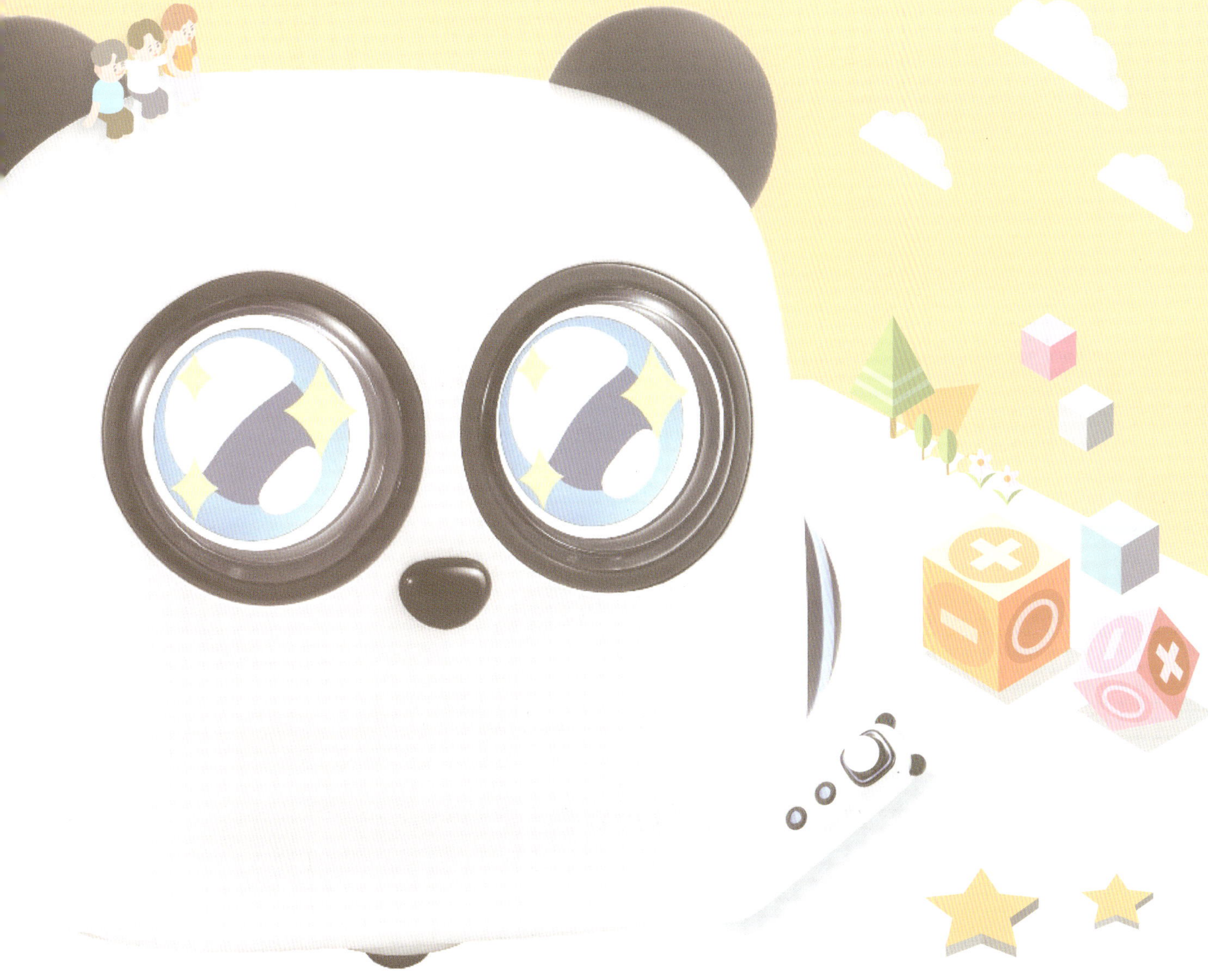

· 목차 ·

 안녕? 엠타이니!

반가워요! 친구들	6
엠타이니와 함께 하는 미래 교육	7
엠타이니로 기르는 여러 능력	7
엠타이니 소개	8
엠타이니 구조	8
엠타이니 지도	9
엠타이니로 배우는 사고력 (생각하는 힘)	9
창의융합 학습 로봇 - 엠타이니	10
엠타이니로 함께 살아가기 배우기	10
엠타이니와 함께 하는 활동	11
변신로봇, 엠타이니	11
엠타이니는 안전해요	11

 **엠타이니와 친구들**

 **부록**

엠타이니 워크북 과정 개요 (입문편)⋯⋯⋯⋯⋯⋯ 62
코딩카드 소개⋯⋯⋯⋯⋯⋯⋯⋯⋯⋯⋯⋯ 64
테마지도 소개⋯⋯⋯⋯⋯⋯⋯⋯⋯⋯⋯⋯ 65

슈퍼트랙 엠타이니 워크북 - 엠타이니 소개

안녕? 엠타이니!

엠타이니를 소개합니다.
선생님과 부모님께서 먼저 살펴보세요.
우리 친구들은 이 다음 장부터 진행하고
나중에 이곳을 보세요.

엠타이니와 놀자!

반가워요! 친구들!!

안녕하세요? 한국의 어린이 여러분~

엠타이니는 어린이를 위한 학습 로봇입니다. 우리 친구들, 엠봇이란 학습 로봇을 들어본 적 있나요?

엠봇은 전 세계에서 가장 많은 사람이 사용하는 학습 로봇이에요.

바로 이 엠봇을 중국 메이크블록 회사에서 만들었는데 엠타이니도 메이크블록에서 만들었어요.

엠타이니는 컴퓨터나 스마트폰 없이도 움직이게 할 수 있어요.

바로 강력한 조이스틱이 있거든요. 조종할 수도 있고, 코딩도 할 수 있어요.

프로그램을 조종기(조이스틱)로 할 수 있으니 매우 편해요. 엠타이니로 한글도 익히고,

수학도 공부할 수 있어요. 노래를 부르거나 그림을 그릴 수도 있어요.

엠타이니와 함께 들어 있는 코딩카드와 테마지도로 재미있게 놀면서 공부해요.

엠타이니는 변신도 참 잘한답니다. 평소 팬더 모습이다가 귀여운 강아지나 고양이, 닭으로도 변신해요.

희한한 소리도 즐겁게 내고, 달리기도 무척 빠르답니다.

우리 친구들은 전 세계를 누비며 살게 될 거예요. 이미 인터넷이 전 세계를 하나로 만들어 주고 있어요.

유튜브에서 해외 친구들을 쉽게 만날 수 있죠?

전 세계 아이들에게 사랑 받고 있는 엠타이니와 함께 무한한 상상의 나래를 펼쳐 보아요.

저자 최만 드림

엠타이니와 함께 하는 미래 교육

여러분은 글씨 쓰는 연습을 먼저 했나요? 스마트폰 터치를 먼저 했나요?

여러분은 이미 디지털세대예요. 미래는 컴퓨터의 도움을 더 많이 받을 거예요.

엠타이니로 공부하면 디지털 미래 시대를 준비할 수 있어요.

엠타이니로 무엇을 배울 수 있을까요?

정보나 미디어, 디지털 기술을 다루는 능력과 수학적 고급 사고력을 기를 수 있어요.

엠타이니로 다양한 내용을 배우면서 여러분이 직접 문제를 찾고 분석하고 해결하게 될 거예요.

그러면서 창의적이고 종합적으로 생각하는 능력이 길러질 거예요.

글이나 말로 표현하는 능력도 길러지고, 자신감이 커지고, 다른 사람을 이해하고 존중하는 능력도 커질 거예요.

사물을 관찰하는 능력도 발달되고 몸도 여러분의 생각대로 더 잘 움직여질 거예요.

 엠타이니로 기르는 여러 능력

하버드 대학 교육 심리학자 가드너 교수님은 모든 아이의 얼굴이 다르 듯 지능과 재능이 다르다고 이야기 했어요. 우리 친구들도 다른 친구들보다 잘 하는 능력이 있어요. 아래 그림에서 내가 다른 친구들에 비해 잘하는 것을 동그라미 해 보세요.

엠타이니와 놀자!

엠타이니 소개

엠타이니는 컴퓨터나 스마트폰/패드가 필요 없어요.
조이스틱으로 조종이나 코딩이 가능해요.
만지며 느끼면서 배워요.
코딩 프로그램 대신 코딩카드를 써서 너무 쉬워요.

| 스크린이 없어요. | 조이스틱으로 코딩해요. | 새로운 지식을 배워요. | 함께 합쳐서 배워요. | 놀면서 배워요. |

엠타이니 구조

엠타이니와 조이스틱 구조를 살펴볼까요? 조이스틱은 컨트롤러라고도 해요.

엠타이니	조이스틱
빛으로 인식해요	친환경 소재
스마트 모터	비독성 소재
6축 자이로 스코프 (모든 방향 움직임과 빠르기를 인식해요)	식품 등급 실리콘 (빨아도 안전해요)
하이파이 스피커	6축 자이로 스코프 (모든 방향 움직임과 빠르기를 인식해요)
HD LCD 스크린	
16만 색인티케이터	빛으로 인식해요

엠타이니 지도

엠타이니는 전용 지도를 사용해요. 엠타이니 지도는 다양한 코딩 게임도 배움 활동이 있어요. 우리 친구들은 워크북에서 어떤 활동이 있는지 경험할 거예요. 워크북에서 이야기하지 않는 활동도 우리 친구들이 찾아볼 수 있어요. 활동에서 우리 친구들은 논리력과 문제해결력을 길러서 생각이 쑥쑥 자랄 거예요.

엠타이니로 배우는 사고력(생각하는 힘)

엠타이니와 함께 우리 친구들은 생각하는 힘을 기르게 될 거예요. 생각하는 힘은 우리 친구들이 문제나 어려움을 만날 때 도움을 줄 수 있어요. 우리 친구들이 현재와 미래에 살아가는 데 필요한 생각하는 힘을 엠타이니와 함께 길러 볼까요? 특별히 엠타이니는 컴퓨터를 이용해서 문제를 해결하는 컴퓨팅 사고력을 길러줄 거예요. 알고리즘은 내가 문제를 해결하는 절차나 방법을 다른 사람이 알 수 있도록 공식화된 형태로 표현한 것을 말해요.

문제를 이해하고, 문제를 분해하기 (작게 나누기) ▶ 반복되는 패턴 찾고, 경로를 계획하기 ▶ 해결 방법대로 시도한 후 잘못된 점 찾기 ▶ 해결 방법을 찾아 문제 해결하기 (알고리즘 찾기)

엠타이니와 놀자!

창의융합 학습 로봇 - 엠타이니

우리 친구들은 유치원이나 초등학교 1학년 2학년 때 주제별로 공부했죠? 이것을 영어로 스팀 또는 스템이라고 해요. 우리나라에서는 창의융합교육이라고 하는데 엠타이니로 이렇게 통합된 공부를 할 수 있어요. 우리 친구들이 살아가는 세상은 배울 것이 따로 따로 나눠져 있지 않고 모두 합쳐져 있죠? 엠타이니는 이렇게 합쳐진 지식을 우리가 쉽게 배울 수 있도록 도와줍니다.

엠타이니로 배울 수 있는 내용은 무엇이 있을까요? 국어, 수학, 음악, 미술, 컴퓨터, 기술, 과학, 사회 등 우리 삶에 필요한 거의 모든 내용을 엠타이니로 배울 수 있어요.

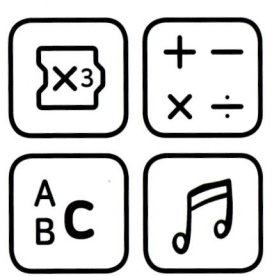 

엠타이니로 함께 살아가기 배우기

엠타이니는 혼자서 보는 디바이스에서 벗어나 함께 배우며 살아가기를 알려 줍니다. 우리 친구들은 서로서로 이야기를 나누면서 배울 수 있어요. 엄마 아빠와 이야기를 나누면서 또 배웁니다.

우리가 살면서 서로 대화를 통해서 문제 해결 하는 방식과 똑같습니다. 우리는 혼자 살지 않고 함께 삽니다. 우리는 미래에 사람들과 함께 살 것이고, 로봇과 함께 살아갈 것입니다.

엠타이니와 함께 하는 활동

탐험	다양한 장면	다양한 표정	퍼즐 만들기	연기하기

역할놀이	탐험 모드	코딩 모드	조종하기	동작 인식

변신로봇, 엠타이니

- 감정 표현 (10개 이상)　- 음향 효과 (300개 이상)
- 팬더처럼 멋지게 움직이기 능력　- (계속 업데이트 중)

엠타이니는 안전해요

- 친환경이고 무독성 재료 사용
- 식품 등급의 실리콘 소재
- 안전한 둥근 모서리 디자인
- 납을 사용하지 않음
- 사람 피부와 같은 느낌 재료 사용
- 유럽연합 유해물질 제한지침(RoHS) 인증
- 떨어 뜨리거나 잡아 당겨도 쉽게 부서지지 않음

슈퍼트랙 엠타이니 워크북 - 입문편

엠타이니와 친구들

 엠타이니와 첫 만남 축하해요!
엠타이니와 친구들과 함께
즐겁게 놀아요~!!

엠타이니와 놀자!

일어나! 엠타이니

 엠타이니 전원을 켜요.

엠타이니가 뭐라고 말하나요?

엠타이니와 인사를 해 봅시다.

 안녕?

귀여워! 엠타이니

귀엽게 눈을 깜빡여요.

엠타이니 눈을 따라서 깜빡여 봅시다.

엠타이니와 같이 동시에 깜빡일 수 있나요?

엠타이니가 눈을 어떻게 깜빡이나요?

엠타이니 전원을 꺼요.

엠타이니는 어떻게 되나요?

내 엠타이니의 이름은

내 엠타이니를 돌려가며 살펴봅시다.
전원을 켜서 보고, 끄고 다시 봅시다.
내 엠타이니 이름을 지어 볼까요?

내 엠타이니 이름은

 입니다.

 내 엠타이니에게 옷을 입혀요

내 엠타이니에게 멋지고 예쁜 옷을 입히고, 산책하러 나갈까요? 예쁘게 색칠해 봅시다.

엠타이니와 놀자!

조종기를 사용해요

엠타이니 조종기 전원도 켜볼까요?

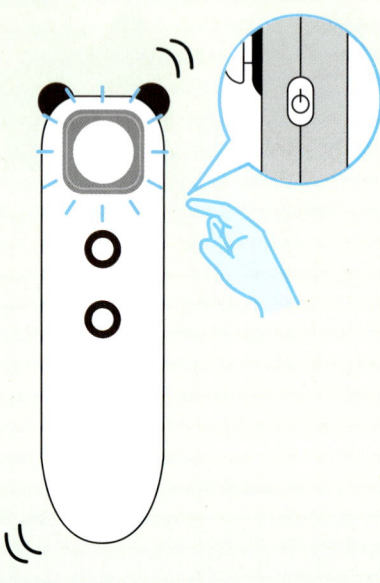

엠타이니를 앞으로 뒤로 움직여 보세요.
엠타이니를 왼쪽으로 오른쪽으로 돌려 보세요.
엠타이니와 함께 산책을 떠나요.

엠타이니에게 밥을 줘요

신나게 산책 다녀온 엠타이니가 배가 고파요.
빨간불을 계속 깜빡 거리면 배가 고프다는 신호예요.
부모님이나 선생님 도움 없이 충전할 수 있나요?

엠타이니와 친구들

  아이쿠, 어지러워

친구와 함께 제자리에서 세 바퀴를 돌아 봅시다. 무슨 느낌이 드나요?

엠타이니를 한쪽 방향으로 세 바퀴 계속 돌린 후 살펴보세요.

엠타이니 표정을 그려 봅시다.

엠타이니가 뭐라고 말하나요?

엠타이니에게 또 어떤 신기한 표정이 숨겨져 있을까요?

 엠타이니와 앞뒤 댄스를

엠타이니와 춤을 춰요. 엠타이니를 빠르게 앞으로 갔다가 뒤로 갔다가 움직여 봅시다.

엠타이니를 따라서 춤춰 봅시다. 또 어떤 춤을 추게 할 수 있을까요?

엠타이니와 놀자!

엠타이니와 함께 달려요

친구와 함께 달리기를 해 본 적이 있나요? 엠타이니와 달리기 게임을 해볼까요? 먼저, 빨리 달리기 게임을 해요. 엠타이니가 달릴 수 있도록 길게 공간을 준비한 후 달려 봅니다.
엠타이니 속도에 맞춰서 먼저 달리게 한 다음 우리 친구들이 달려가요.

엠타이니가 달리는 공간에 책이나 장난감으로 장애물을 만들고 달리기를 해 봅시다.
다른 친구들 엠타이니와 함께 달려도 좋습니다.

마지막으로 이어달리기를 해 볼까요?
방석이나 카펫 주위를 엠타이니가 이어 달리도록 조종해 보세요.

 엠타이니와 게임해요 ①

◆ 그대로 멈춰라

엠타이니와 즐거운 게임을 해요. "즐겁게 춤을 추다가" 노래를 부르다가 '그대로 멈춰라' 하면 멈춥니다.
엠타이니를 조종하며 즐겁게 춤을 추다가 멈춰 봅시다.
재미있는 모습으로 멈춰 볼까요?

◆ 무궁화 꽃이 피었습니다.

엠타이니와 함께 '무궁화 꽃이 피었습니다' 게임을 해요. 친구와 함께 가위바위보를 해서 술래를 정해요. 놀이 방법은 우리 친구들이 하는 게임과 같아요.
단지 우리 친구들이 아닌 엠타이니가 게임을 합니다.

익숙해지면, 술래도 엠타이니로 해 볼까요?

엠타이니와 놀자!

엠타이니와 게임해요 ②

◆ 술래잡기

엠타이니와 술래잡기 게임을 해요.

가위바위보로 술래가 될 엠타이니를 정해요.

시작하면 술래 엠타이니는 다른 엠타이니를 잡아요. 잡히면 술래가 바뀝니다.

◆ 씨름

엠타이니와 씨름을 해요.

바닥에 동그라미를 그리거나 큰 책을 놓아요.

녹색 빈 지도 네 개를 합쳐서 만들어도 좋습니다.

시작하면 다른 엠타이니를 밀어서 씨름장 밖으로 나가게 합니다.

내 엠타이니가 씨름장 밖에 나가지 않도록 조심합니다.

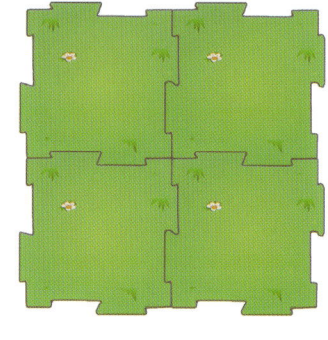

엠타이니와 친구들

 ## 엠타이니와 함께 하는 축구

◆ 축구 게임

엠타이니와 축구 게임을 해요.
엠타이니 한 대로도 할 수 도 있고, 여러 엠타이니와 할 수 도 있습니다.
여러 엠타이니와 하는 축구는 우리 친구들 축구 게임과 같습니다.
골대를 만들고 공을 손으로 굴릴 때 엠타이니를 조종해서 막을 수 있습니다.

공이 이 쪽으로 온다면 조종기를
어느 방향으로 움직여야 할까요?
워크북에 먼저 표시하고 실제로 해 봅시다.
내가 생각한 것과 다르게 움직였다면 왜 그럴지
생각해 봅시다.
친구들이 모두 엠타이니를 가지고 있다면 종이컵을
눕혀서 공으로 만들어 축구 게임도 해 봐요.

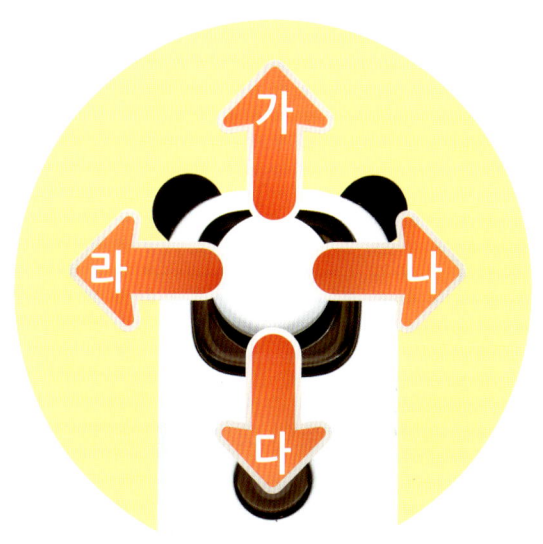

엠타이니와 놀자!

펜싱게임 - 적의 뒤를 노려라

엠타이니로 펜싱 게임을 해 볼까요?

엠타이니 옆에 깃대를 붙여서 앞으로 향하게 합니다.

선생님이나 부모님의 도움으로 엠타이니 뒤에 붙임 쪽지를 붙입니다.

2명이서 할 수도 있고, 여럿이 할 수도 있습니다.

친구 엠타이니 이름	게임 결과	느낀 점

익숙해지면 포스트잇 대신 풍선을 달고, 깃대에 핀을 테이프로 고정해서 할 수 있습니다.

흔들흔들, 엠타이니를 움직이자

엠타이니 조종기를 흔들어서 엠타이니를 움직여 볼까요?
엠타이니 게임 카드 중 달리기 카드에 엠타이니를 놓아 보세요.
엠타이니가 어떻게 변하나요?
엠타이니가 무엇이라고 말하나요?

조종기를 잡고 위아래로 흔들어 엠타이니가 앞으로 가도록 해봅시다.
조종기를 다음과 같이 높혀서 위 아래로 흔들어 봅시다.
움직이는 방향에 맞게 선으로 연결해 보세요.

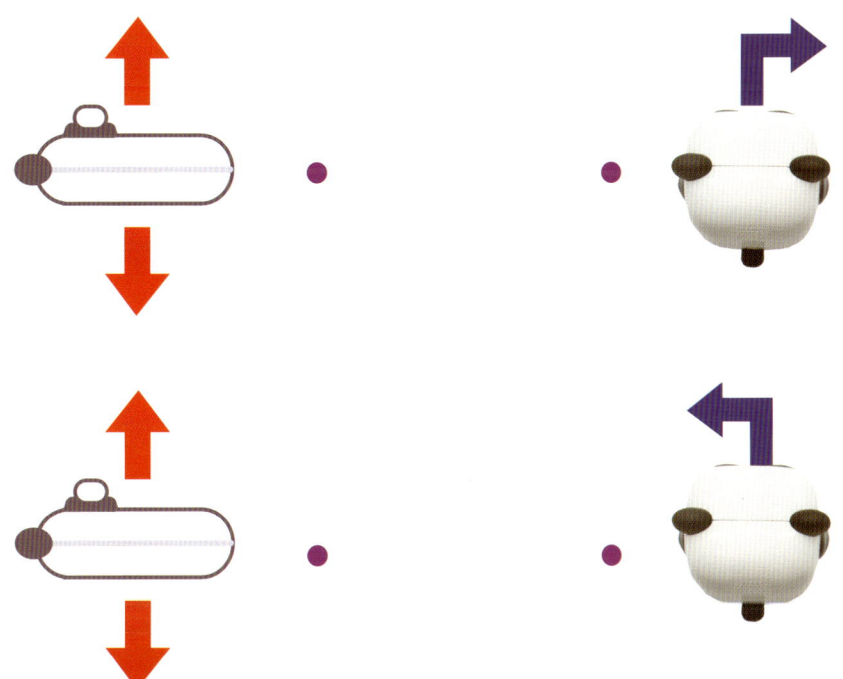

빠르게 도착 카드까지 가 볼까요?
책이나 장난감으로 장애물을 만들고 도착지까지 가 볼까요?
친구들과 누가 먼저 가나 경주해 봅시다.

 엠타이니와 놀자!

흔들흔들, 엠타이니를 움직이자

엠타이니 골프 카드 놀이를 해요.
엠타이니를 골프 카드에 놓고 조종기를 힘차게 밀어 봐요.
연습 한 후에 도착 카드로 가 봅시다.

골프 카드와 도착 카드 사이에 장난감을 놓고 도착 카드로 가는 놀이를 해 볼까요?

엠타이니와 친구들

엠타이니 소리 맞추기 게임

엠타이니 음악 카드로 멋진 소리를 내어 볼까요?

먼저 위에 있는 고양이나 강아지, 피아노, 광대를 조종기로 탭 한 다음 아래 건반을 탭 해 보세요.

이제 위에 있는 다른 것을 탭 한 다음 건반을 탭 해 보세요.

신기한 소리가 나요.

엠타이니 마음대로 나오는 소리 맞추기 게임을 해요.

함께 할 친구를 찾아요.

먼저 위에 있는  를 탭 한 다음 건반에 조종기를 대기 전에

어떤 소리가 날지 이야기 해 보세요.

그 다음 건반에 조종기를 대어 내가 말한 소리가 나오면 점수를 얻어요.

점수가 많은 친구가 이깁니다.

흔들흔들, 엠타이니를 움직이자

엠타이니는 강아지, 고양이, 닭으로 변할 수 있어요.
엠타이니는 원래 팬더랍니다.
엠타이니를 변신 시키려면, 테마 지도가 필요해요.
엠타이니를 테마 지도 위에 올려놓고 무슨 동물로 변했는지 연결해 볼까요?
(동물이 내는 소리도 적어 봅시다.)

엠타이니 눈이 변했어요

엠타이니가 변신 후 눈이 변했어요. 어떻게 변했는지 그린 다음, 색칠해 볼까요?

변신한 친구들의 이름은 토비, 마일로, 치카 예요.

우리 친구들은 이 친구들을 어떻게 부르고 싶나요? 적어 볼까요?

엠타이니

토비

마일로

치카

엠타이니 눈이 변했어요

엠타이니에게 가면을 선물해요.

엠타이니가 변신할 때 필요한 가면을 연결해 볼까요?

엠타이니가 동물로 변신할 때 무슨 표정이었을까요?

토비(강아지) 가면의 코가 큰 이유는 무엇일까요?

마일로(고양이) 가면의 귀가 뾰족한 이유는 무엇일까요?

치카(닭) 가면에 있는 빨간 것은 무엇일까요?

앞으로 가자! 엠타이니!

드디어 엠타이니에게 명령을 해 볼까요?

코딩 카드에서 화살표가 똑바로 된 것을 찾으세요.

엠타이니와 조종기 전원을 켜세요.

조종기를 화살표가 똑바로 된 코딩 카드에 댑니다.

엠타이니가 어떻게 움직이나요?

엠타이니가 얼마나 갔을까요?

손으로 한 번 가는 길이를 재 봐요.

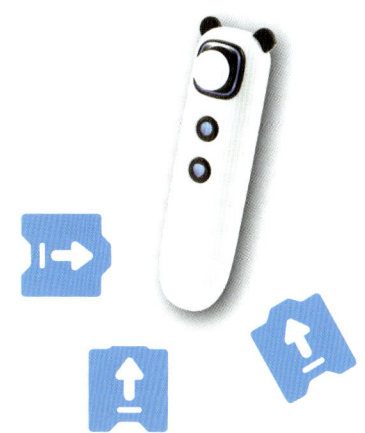

손을 그리고

손 끝에 엠타이니를 놓고

조종기를 화살표 코딩 카드에 대고

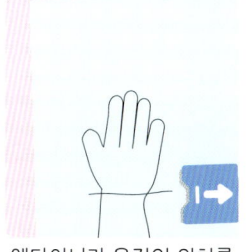
엠타이니가 움직인 위치를 표시합니다.

엠타이니와 놀자!

왼쪽으로 돌아라!

엠타이니가 왼쪽으로 돌게 해 볼까요?

아래처럼 코딩 카드를 놓고 조종기로 터치해 볼까요?

엠타이니가 어느 방향으로 도는지 살펴보고, 방향 이름을 세 번 적어 보세요.

엠타이니가 앞으로 갔다가, 아래처럼 돌아서 다시 원래 자리로 돌아오려면 코딩 카드를 어떤 순서대로 터치하면 좋을까요?

아래에 화살표를 그려 보세요.

오른쪽으로 돌아라!

이번에는 엠타이니가 오른쪽으로 돌게 해 봅시다.

아래처럼 코딩 카드를 놓고 조종기로 터치해 봅시다.

엠타이니가 어느 방향으로 도는지 살펴보고, 방향 이름을 세 번 적어 보세요.

엠타이니가 정확하게 돌게 하려면 어떻게 하면 좋을까요?

빈 녹색 테마지도 위에 엠타이니를 놓고 돌려 볼까요?

왼쪽으로도 돌려 봅시다.

정확하게 한 바퀴 돌아서
원래 자리로 오게 해 봅시다.
엠타이니는 왜 이렇게 움직일까요?

엠타이니와 놀자!

엠타이니는 행복해요

엠타이니는 느낌을 나타낼 수 있어요.
표정 카드 7개 모두를 찾아서, 조종기로 하나씩 터치해 보면서 어떻게 하는지 보세요.
다음 상황과 어울리는 코딩 카드를 연결해 볼까요?

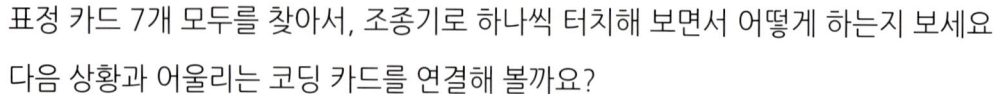

| 행복 | 윙크 | 화남 | 슬픔 | 무서움 | 어지러움 | 졸림 |

엠타이니 표정 중에 내가 마음에 드는 것을 적어 보세요.

 ## 엠타이니 표정 흉내 내기 왕은 누구?

엠타이니 표정 흉내 내기 왕을 뽑아요.
엠타이니 표정과 움직임을 잘 보고, 그대로 흉내를 제일 잘 내는 친구가 이깁니다.

1. 엠타이니 표정 중에 내가 자신있는 것 하나만 골라 봅시다.
2. 이제 표정을 그려 보고, 움직임을 따라서 해 봅시다.

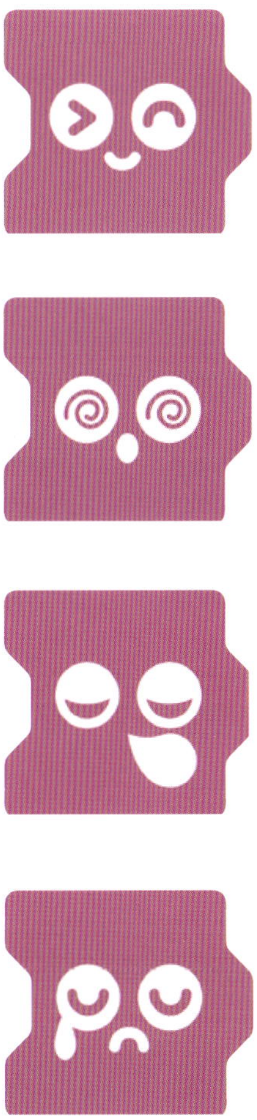

3. 이미 표정 흉내 내기 왕이 되었어요! 축하합니다!!

엠타이니와 놀자!

울다가 웃는 엠타이니

엠타이니가 울다가 웃도록 해 볼까요?
엠타이니에게 울다가 웃도록 기억 시킨 다음에,
시작하면 됩니다.

기억 카드   시작 카드

코딩 카드를 이렇게 놓고 조종기로 터치해 보세요.

 기억 카드 다음에 있는 것을 엠타이니가 기억해요.

 기억한 것을 시작해요!!

도전!!

❶ 엠타이니가 무서운 것을 보고 놀랐어요. 그래서 울다가 웃도록 코딩해 볼까요?
   코딩은 명령하는 거예요.

❷ 엠타이니가 어제 하루 동안 내 기분을 보여 주도록 코딩해 볼까요?

엠타이니와 함께 원에 가요

엠타이니와 함께 원에 가는 코딩을 해 볼까요?
집 지도에 녹색 빈 지도 두 개를 연결해요.
붙임 쪽지에 '원"을 적고 붙여요.
집 지도에 엠타이니를 올려요.
엠타이니가 원을 보게 합니다.
엠타이니가 원에 가려면 어떻게 하면 좋을까요?

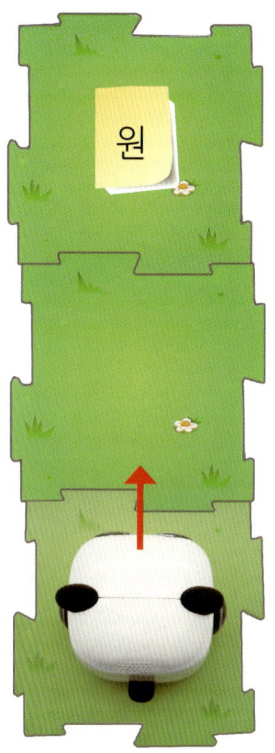

직진 카드를 조종기로 두 번 터치해요.

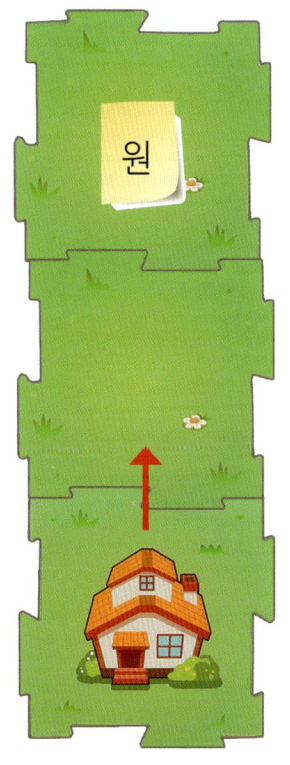

기억 카드와 시작 카드로 코딩해요.

또 어떤 방법이 있을까요?

엠타이니와 놀자!

엠타이니와 함께 집에 와요

이제 엠타이니와 함께 원에 갔다가 집에 와 볼까요?

어떻게 하면 좋을까요?

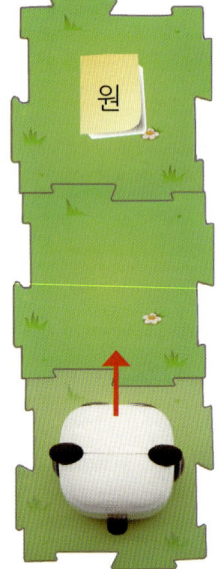

화살표를 코딩 카드 위에 써 볼까요?

앞으로 두 칸 가서 두 번 돌아서 다시 두 칸 가요.

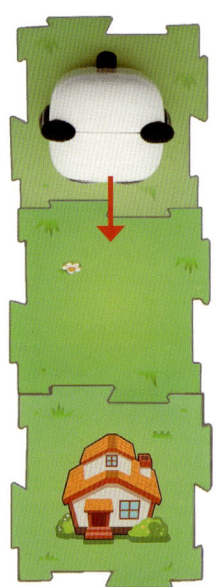

계속 터치해야 해서 귀찮죠? 이제 기억해서 시작해 봅시다.

코딩 카드에 있는 화살표를 적어 볼까요?

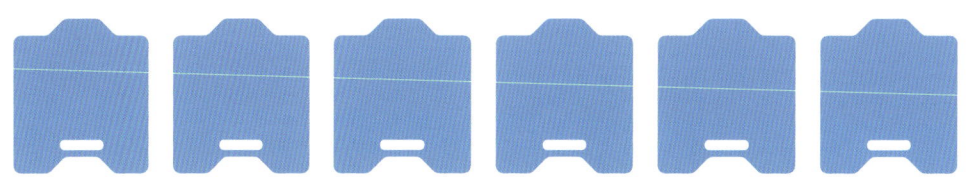

기억 카드와 시작 카드로 코딩해요.

또 다른 방법이 있을까요?

엠타이니가 집에 와서 뭐라고 말하나요?

그 다음에 무슨 소리가 들렸나요?

36

엠타이니와 동네 한 바퀴를 돌아요

엠타이니와 동네 한 바퀴를 돌아 볼까요? 우리 동네에서 가게나 기관을 볼 수 있나요?

집 지도와 녹색 빈 지도를 아래처럼 만들어요.
붙임 쪽지로 우리 동네 가게나 기관을 적어서 붙여요.

엠타이니가 집에서 출발해서 동네 한 바퀴를 돌고, 다시 집으로 오도록 코딩해 볼까요?
먼저 워크북에 가는 길을 그려 봅시다.
조종기로 코딩 카드를 계속 터치해도 되고, 기억해서 시작해도 좋습니다.
내가 사용한 화살표를 아래에 그려 보세요.

엠타이니와 놀자!

엠타이니에게 계절 변화를 알려줘요

엠타이니에게 우리나라 계절에 대해 알려줘요.

엠타이니가 계절 순서대로 볼 수 있도록 해 볼까요?

워크북 빈 곳에 계절 이름을 적어요.

겨울

여름

계절에 대한 느낌을 이야기해요

친구는 무슨 계절을 가장 좋아하나요?

좋아하는 계절은 무슨 계절인가요?

엠타이니에게 계절에 대한 내 느낌을 알려 줄까요?

계절별로 보면서 엠타이니가 표정을 변경하도록 코딩해 봅시다.

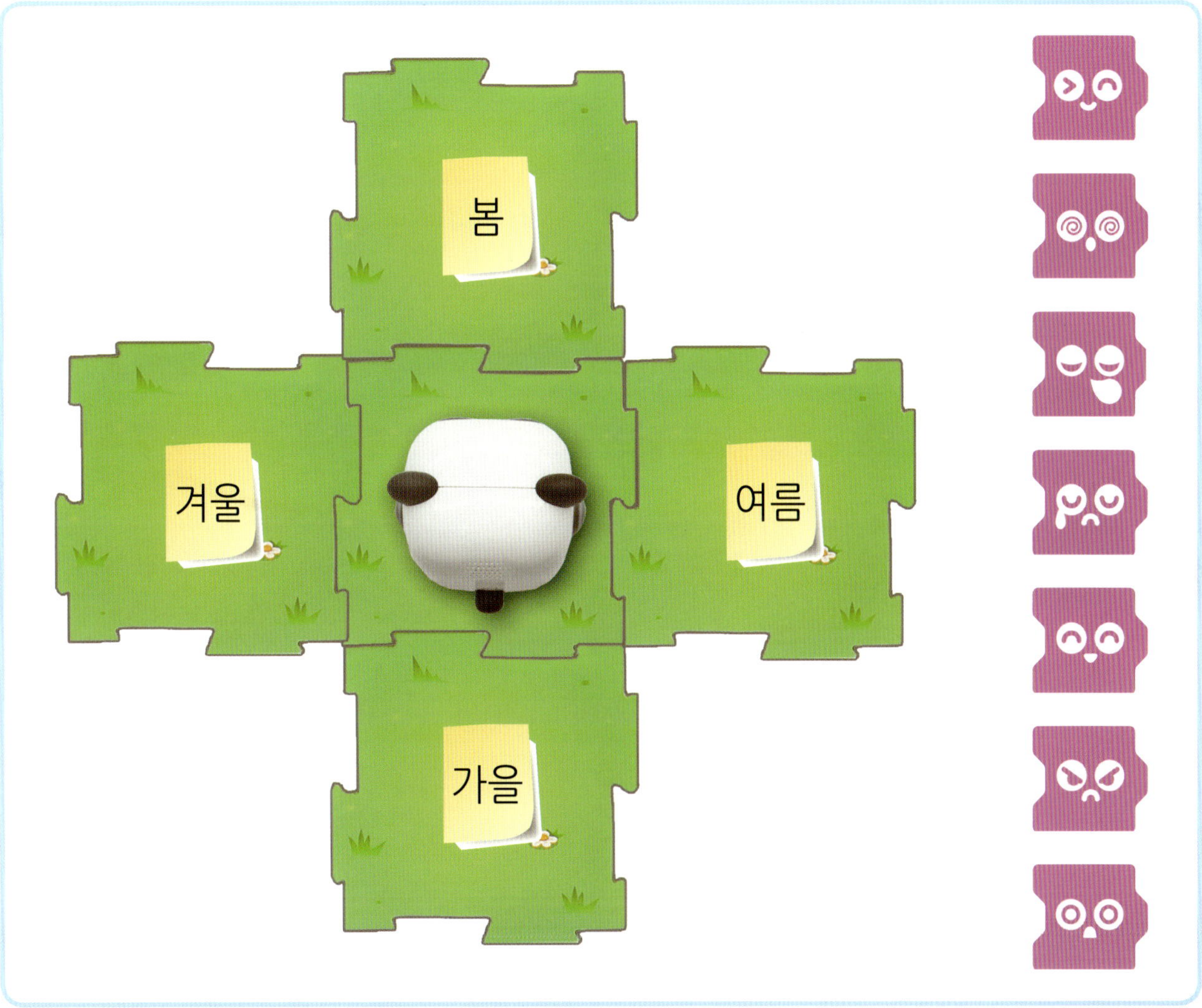

내가 코딩한 표정을 그려 봅시다.

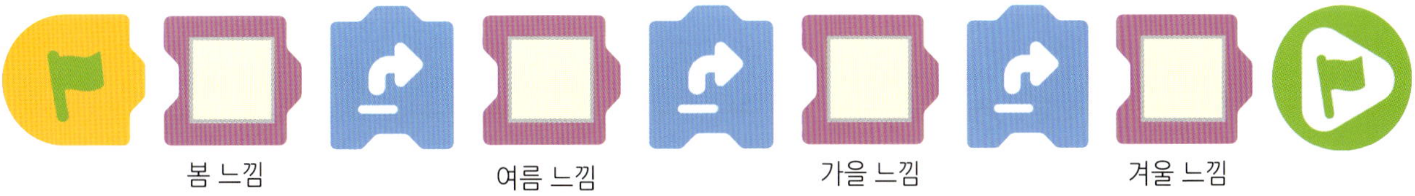

봄 느낌   여름 느낌   가을 느낌   겨울 느낌

계절 물건에 대한 느낌을 말해요

계절에 관련된 물건을 준비합니다. 사진이나 그림도 됩니다.

싫어하는 계절은 무슨 계절인가요?

엠타이니에게 계절 물건에 관한 내 느낌을 알려 줄까요?

계절별로 보면서 엠타이니가 표정을 변경하도록 코딩해 봅시다.

내가 코딩한 표정을 그려 봅시다.

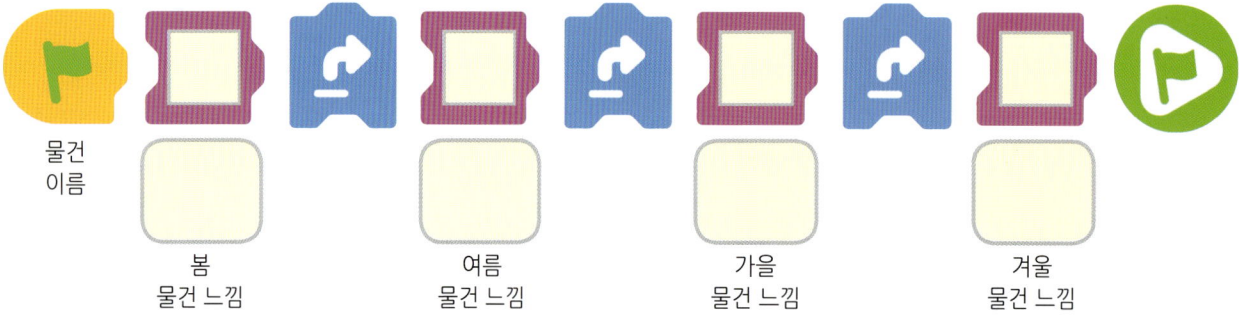

마을을 탐험하며 신호등 놀이해요

녹색 지도 뒷면에 마을 지도가 있어요.
마을 지도를 친구들이 원하는 대로 자유롭게 붙여요.
조종기로 마을 이곳 저곳을 탐험합니다.
벽을 넘을 수 있나요? 왜 그럴까요?
마을 지도에서 벽을 못 넘도록 **조건**이 되어 있어요.

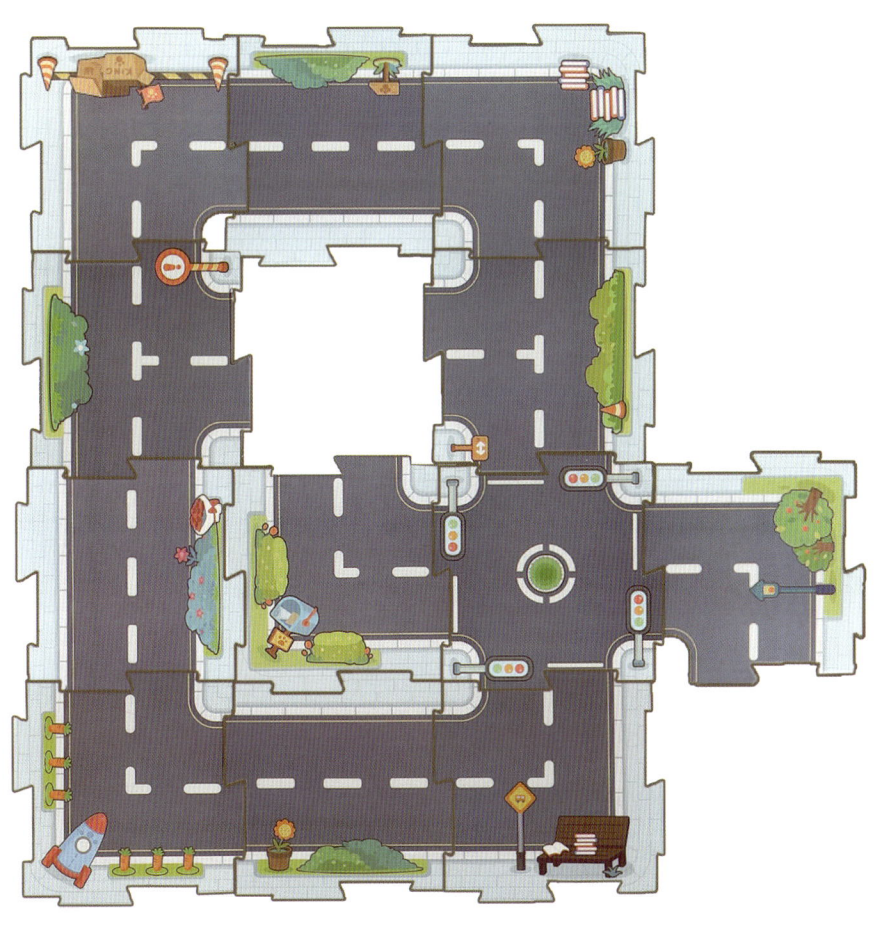

이제 신호등 놀이를 해요. 신호등이 될 친구를 정해요.
신호등이 될 친구나 선생님, 부모님은 '빨간 불, 초록 불'을 말할 수 있어요.
'초록 불'일 때는 마음대로 움직일 수 있지만,
'빨간 불'에서는 꼭 멈춰야 하는 **조건**이 있어요.
조건을 어기면 그 친구가 신호등이 됩니다.

엠타이니와 놀자!

엠타이니가 좋아하는 음식을 찾아요

녹색 지도를 준비합니다.
엠타이니 지도와 옥수수를 연결해요.
엠타이니를 엠타이니가 있는 지도에 놓으세요.
조종기로 조종해서 한 칸 앞으로 갑니다.

한번 더 해 봅시다.
다시 엠타이니 지도 위에 엠타이니를 놓으세요.
앞으로 가는 코딩 카드를 한 번 터치해요.
엠타이니 표정이 어떤가요? 왜 그럴까요?

이번에는 옥수수 옆에 대나무를 연결하고, 엠타이니 지도에서 출발해 봅시다.
앞으로 가는 코딩 카드를 두 번 터치해요. 엠타이니 표정이 어떤가요?
왜 그럴까요? 엠타이니가 한 번에 좋아하는 대나무로 한 번에 갈 수는 없을까요?

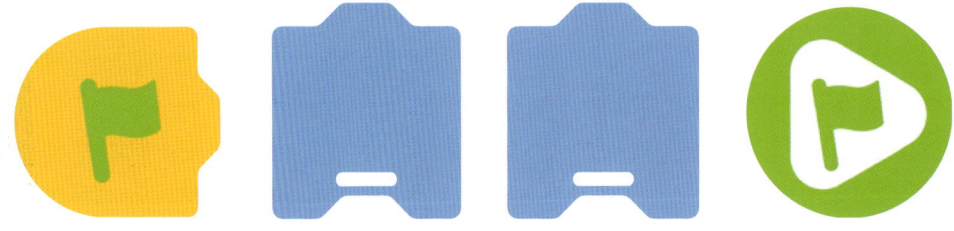

앞으로 가는 코딩 카드를 하나만 사용할 수 있을까요?

토비를 행복하게 하자

토비를 행복하게 하는 먹이는 무엇일까요?
지도를 이렇게 놓으세요.
코딩 카드를 이용해서 움직이면서
토비를 행복하게 하는 먹이 **조건**을 찾아봅시다.

토비를 행복하게 하는 먹이 **조건**은 　　　　　　　　　　　 입니다.

토비는 　　　　　　　　　　　 를 좋아합니다.

엠타이니와 놀자!

마일로가 좋아하는 것

마일로가 싫어하는 활동과
마일로가 좋아하는 활동을 찾아볼까요?
지도를 이렇게 만들고 마일로가 싫어하는 것을 피해서 좋아하는 곳으로
가도록 코딩해 보세요.

마일로가 좋아하는 음식은 무엇일까요? 동그라미 해 보세요.

마일로가 좋아하는 먹이는  입니다.

마일로는  을 좋아합니다.

힘내! 치카!

치카가 자신이 좋아하는 음식을 먹고, 좋아하는 활동을 하도록 코딩해 볼까요?

치카가 좋아하는 음식은 무엇인가요? 동그라미 해 볼까요?

치카가 좋아하는 활동은 무엇인가요?

치카가 좋아하는 먹이는 　　　　　　　 입니다.

치카는 　　　　　　　 을 좋아합니다.

엠타이니와 놀자!

마을 도로를 깨끗하게 하자

엠타이니가 오늘은 마을 도로를 깨끗하게 합니다.
마을 지도를 엠타이니가 다닐 수 있도록 만듭니다.
종이컵이나 구긴 종이를 마을 지도에 놓습니다.

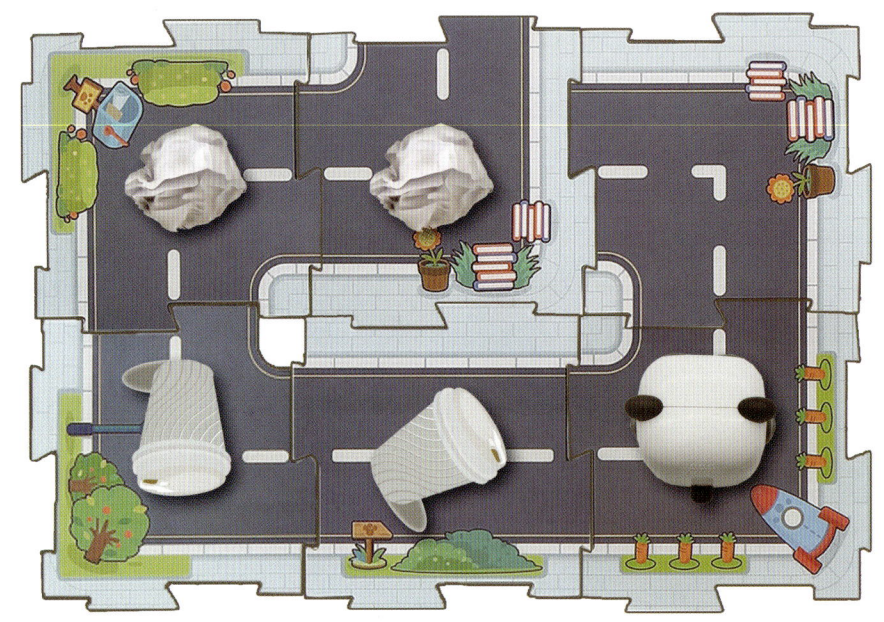

엠타이니를 조종기로 조종하면서 마을 도로를 깨끗하게 해요.
엠타이니를 코딩해서 마을을 깨끗하게 할 수 있을까요?

 ## 마을 도로를 똑똑하게 청소하자

어머나? 마을 도로가 계속 지저분해지고 있어요.
엠타이니에게 마을 도로를 치우라고 편하게 명령할 수 없을까요?

코딩 카드를 조종기로 터치해 봅시다.

이전에 한 명령을 다시 시작하려면 어떻게 하면 좋을까요?

시작 카드만 터치해 봅시다.

조종기 윗 버튼을 눌러 봅시다. (또 시작해요!!)
마을 도로를 치우는 데 갑자기 사람이 나오면 어떻게 할까요?
조종이 아래 버튼을 눌러 봅시다. (바로 멈춥니다!!)

엠타이니와 놀자!

마을 도로를 계속 청소하자

마을 도로를 치울 때 마다 조종기를 눌러야 해서 불편해요.
엠타이니가 마을 도로를 계속 청소하라고 시킬 수 없을까요?

무한 반복 카드를 이용해요.
무한 반복 카드는 엠타이니 전원이 꺼지거나 그만하라고 할 때까지 계속 반복해요.

이 명령이 위 명령과 다른 점이 무엇일까요? 우리 친구는 어떤 명령이 좋은가요?

엠타이니와 친구들

 엠타이니 헬리콥터 만들기

하늘을 멋지게 나는 교통수단은 무엇이 있을까요?
비행기, 헬리콥터…….
엠타이니로 멋진 헬리콥터를 만들어요.

❶ 먼저, 프로펠러(로터)를 만들어요.
색종이나 네모로 자른 도화지를 준비해요.
색칠하거나 붙여서 예쁘게 만들어요.

❷ 엠타이니를 거꾸로 눕히고 머리에 코딩 카드 세 개를 놓아요.

❸ 엠타이니 바퀴에 프로펠러를 놓아요.
조종기를 왼쪽이나 오른쪽으로 계속 돌려요. 멋진 헬리콥터 완성!

헬리콥터 프로펠러가 빠르게 돌다가 천천히 돌다가 다시 빠르게 돌게 해 볼까요?

엠타이니와 놀자!

마을 탐험하기 (교통수단)

마을 테마 지도를 모두 사용해서 큰 마을을 만들어요.
조종기로 조종하며 이곳 저곳을 방문해 볼까요?
재미있는 장면이 나오면 한 번 더 해 보며 놀아 봅시다.

엠타이니 마을에 교통 수단은 무엇이 있을까요?

마을 탐험하기 (동네 모습, 동네 기관)

엠타이니 마을에는 무슨 기관이 있을까요?

엠타이니 마을에서 어떤 일이 벌어지고 있는지 이야기해 볼까요?

엠타이니와 놀자!

코끼리 소방관님 계속 힘내세요!

엠타이니 마을에 불이 났어요.
코끼리 소방관님이 힘내시게 음식을 가져다 드려요.

어머나! 코끼리 소방관님은 음식을 너무 많이 드셔요.
음식을 계속 가져다 드리도록 코딩해 볼까요?
화살표를 그려 보세요.

코끼리 소방관님이 힘을 내시도록 밝은 표정도 넣어 볼까요?

 ## 엠타이니는 마을 해설사

우리 마을에 처음인 악어 친구가 고양이를 만나러 왔어요.
우리 마을 해설사인 엠타이니가 길을 쉽게 알려 줄 수 있을까요?
악어친구는 <u>코딩 카드 세 가지 밖에 기억을 못해요</u>. 어떻게 하죠?

더 긴 길도 알려드려 볼까요? 지나치면 안 됩니다.

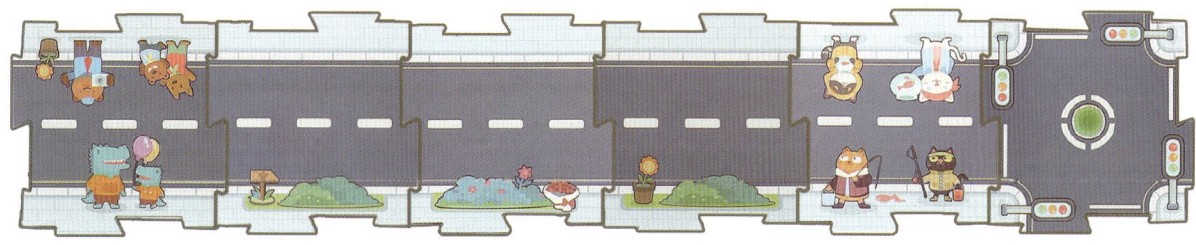

어떤 반복 코딩 카드를 쓰면 될까요? 동그라미해 봅시다.

엠타이니와 놀자!

엠타이니는 우리 마을 버스 운전사

엠타이니가 우리 마을 버스 운전사가 되었어요.
첫 운행을 잘 할 수 있을까요? 우리 친구들이 도와줍시다.

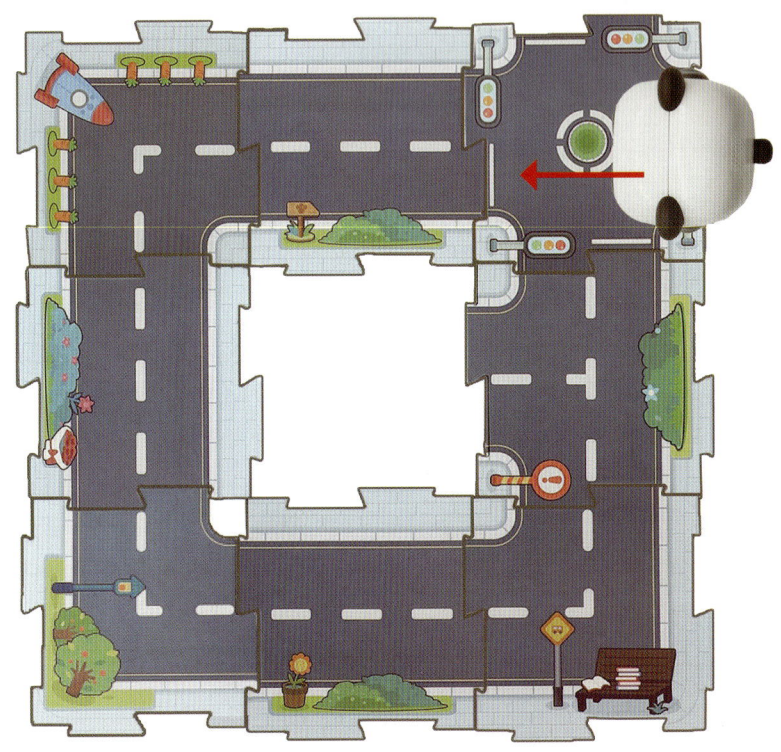

엠타이니 마을 버스가 위 방향에서 출발해서 다시 돌아오려면 어떻게 코딩하면 좋을까요?
화살표를 그려 봅시다.

어떤 반복 코딩 카드를 쓰면 될까요? 동그라미해 봅시다.

왜  이렇게 생긴 반복 코딩 카드를 안 썼을까요?

우리 마을 버스 일등 운전사, 엠타이니!

엠타이니는 우리 마을 일등 운전사가 되었답니다.
조종기로 엠타이니를 벽에 부딪치지 않게 운전해 볼까요?
한 바퀴를 돌아서 제자리로 와 봅시다.

나는 번 부딪혔습니다.

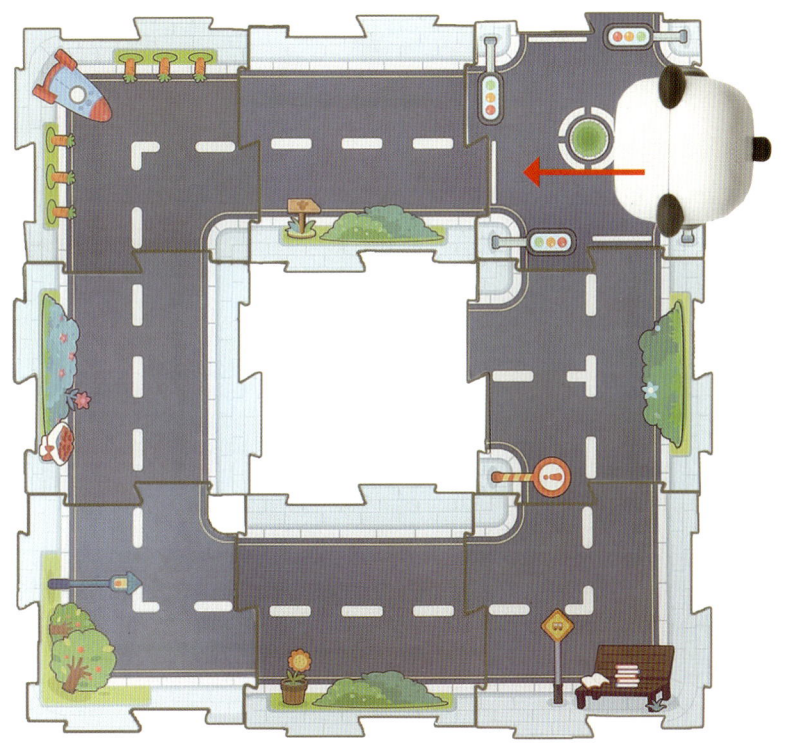

앞에서  이렇게 생긴 반복 카드를 안 썼는지 이유를 찾았나요?

일등 운전사는 기억력이 좋답니다.

반복하고 싶은 명령을 모두   에 넣어 보세요.

 는 모두 기억하게 해 줍니다. 웃으면서 운전하도록 코딩해 볼까요?

일등 운전사는 카드를 눕혀도 잘 합니다.

도와줘요. 엠타이니!!

엠타이니가 마을을 지키는 경찰이 되었어요.
경찰서에서 어떻게 하면 신고 장소로 빨리 갈 수 있을까요?

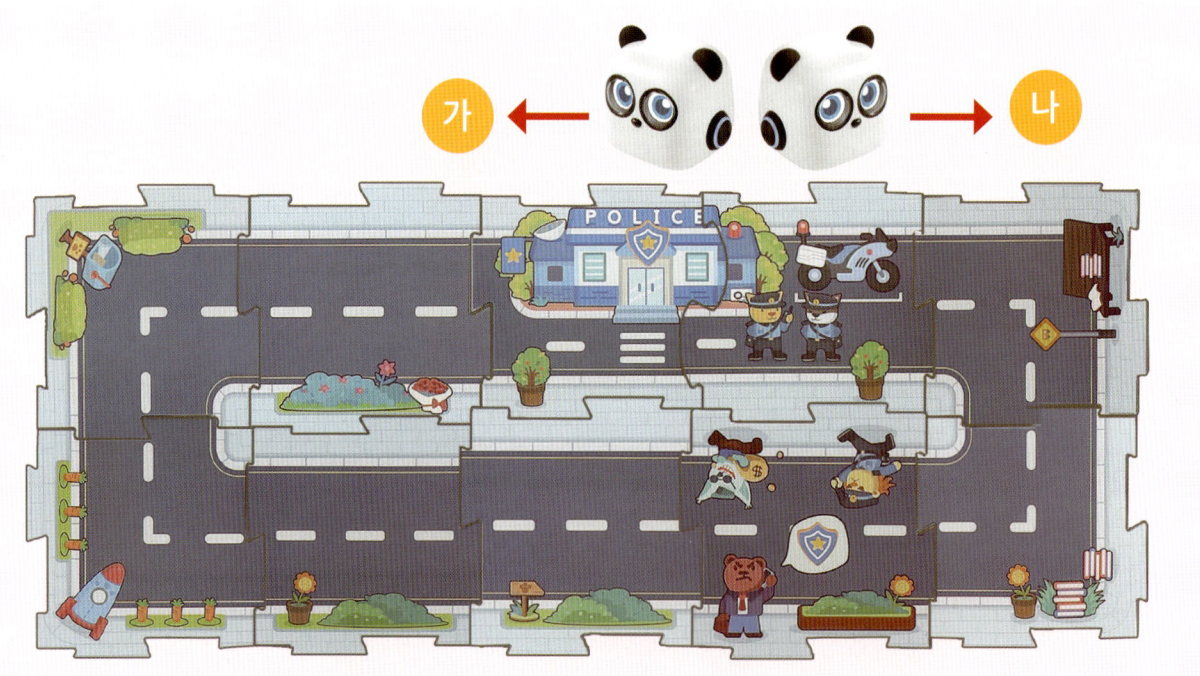

'가'쪽으로 가야 할까요? '나'쪽으로 가야 할까요?
왜 그렇게 생각했나요?

가장 빠르게 갈 수 있도록 코딩 카드를 만들어 보고 아래에 적어 보세요.

코딩 카드를 더 간단하게 쓸 수 있을까요?

 ## 빨리 와요. 엠타이니!

삐뽀 삐뽀 오늘은 엠타니이가 구급차가 되었어요.
테마 지로를 아래처럼 만들어 보세요. 마을에 무슨 일이 일어났나요?

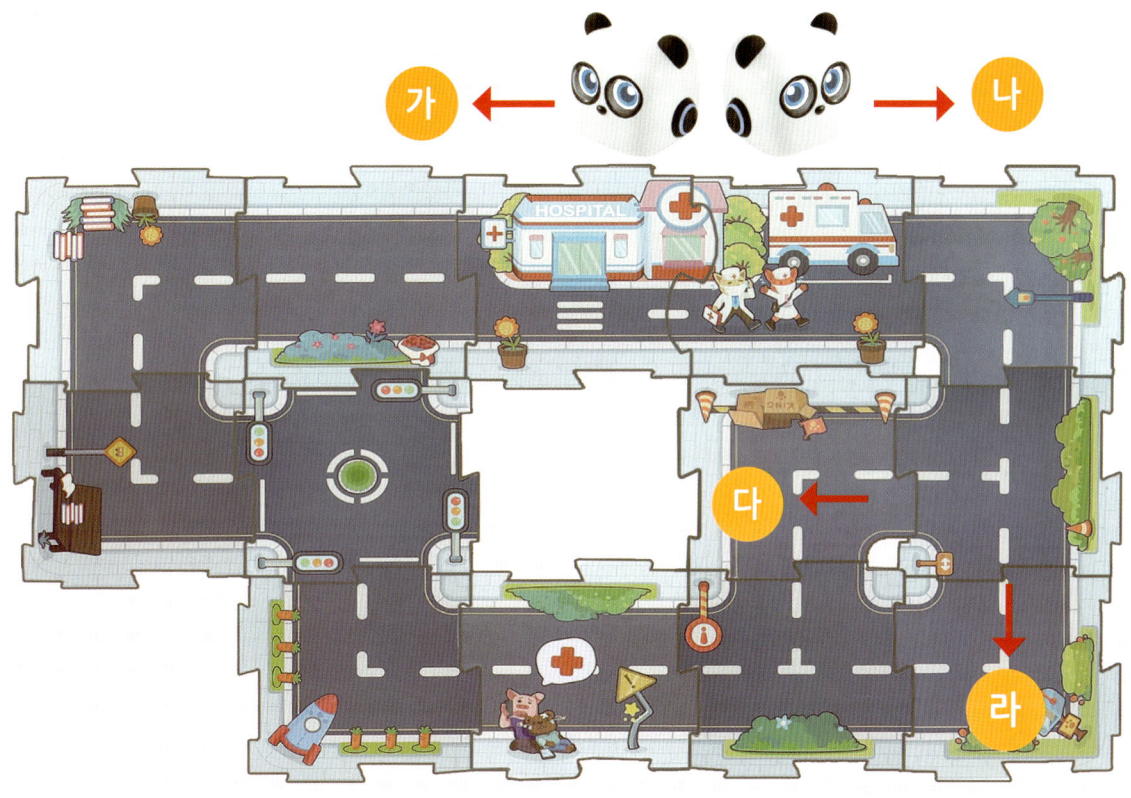

신고한 곳으로 빠르게 가려면, '가' 쪽으로 가야 할까요? '나' 쪽으로 가야 할까요?

왜 그렇게 생각했나요?

혹시 '나' 쪽으로 간다면 '다' 쪽이 빠를까요? '라' 쪽이 빠를까요?

가장 빠르게 갈 수 있도록 코딩 카드를 만들어 보고 아래에 적어 보세요.

코딩 카드를 더 간단하게 쓸 수 있을까요?

엠타이니와 놀자!

엠타이니의 하루 이야기 만들기

엠타이니의 하루 이야기를 만들어요.

녹색 테마 지도를 펼쳐요.

하나씩 들고 엠타이니가 하루 동안에 할 일을 이야기로 꾸며요.

위에 있는 이야기를 말로 설명해 보세요.

바닥에 놓고 코딩해 볼까요?

내가 엠타이니라면 어떻게 하루를 보냈을지 만들어 보고, 코딩하며 놀아요.

내가 만든 이야기를 적거나 그려 보세요.

토비야, 마일로야, 치카야 함께 놀자

토비랑도, 마일로랑도, 치카랑도 함께 놀아요.
내가 놀며 코딩한 것을 적거나 그려 보아요.

59

부 록

 엠타이니 워크북 과정 개요 (입문편)

　　　코딩 카드 소개

　　　테마 지도 소개

엠타이니 워크북 과정 개요 (입문편)

순	교육과정	주제	핵심 개념	제목
1	하루일과	전원켜기 (엠타이니/컨트롤러)	로봇공학	일어나! 엠타이니 / 귀여워! 엠타이니
2	하루일과	색칠하기 / 이름 정하기	로봇공학	내 엠타이니의 이름은 / 엠타이니 옷을 입혀요.
3	하루일과	조종기 전원 / 배터리 확인	로봇공학	조종기를 사용해요. / 엠타이니에게 밥을 줘요.
4	친구	조종하기	인간-로봇 상호작용	아이쿠, 어지러워. / 엠타이니와 앞뒤 댄스를
5	친구	조종하기	인간-로봇 상호작용	엠타이니와 함께 달려요.
6	친구	조종하기	인간-로봇 상호작용	엠타이니와 게임해요.
7	놀이	조종하기	인간-로봇 상호작용	엠타이니와 게임해요.
8	놀이	조종하기	인간-로봇 상호작용	엠타이니와 함께 하는 축구
9	놀이	조종하기	인간-로봇 상호작용	펜싱 게임 - 적의 뒤를 노려라
10	놀이	게임카드 (달리기)	로봇공학	흔들흔들 엠타이니를 움직이자
11	놀이	게임카드 (골프)	로봇공학	출발! 엠타이니
12	놀이	음악카드	로봇공학	엠타이니 소리 맞추기 게임
13	동식물	팬더, 강아지	로봇공학	변해라 얏! 엠타이니
14	동식물	고양이, 닭	로봇공학	엠타이니 눈이 변했어요.
15	동식물	나만의 엠타이니 동물	로봇공학	엠타이니 가면 놀이
16	나의 몸	앞으로 카드	이벤트	앞으로 가자! 엠타이니
17	나의 몸	좌회전 카드	이벤트	왼쪽으로 돌아라!
18	나의 몸	우회전 카드	이벤트	오른쪽으로 돌아라!
19	나의 몸	엠타이니 느낌 표현	이벤트	엠타이니는 행복해요.
20	나의 몸	엠타이니 느낌 표현	이벤트, 순차	표정 흉내 내기 왕은 누구?
21	나의 몸	엠타이니 느낌표현	순차	울다가 웃는 엠타이니
22	동네모습, 기관, 이웃	순서대로/기억해서 이동	순차	엠타이니와 함께 가요.
23	동네모습, 기관, 이웃	순서대로/기억해서 이동	순차	엠타이니와 동네 한 바퀴를 돌아요.

순	교육과정 (유치-누리과정)	주제	핵심 개념	제목
24	계절 변화	계절에 따라 이동	순자	엠타이니에게 계절 변화를 알려줘요.
25	계절 변화	계절에 따른 표정	순차	계절에 대한 느낌을 이야기해요.
26	계절 변화	계절에 따른 물건 그리고 반응	순차	계절 물건에 대한 느낌을 말해요.
27	교통기관, 교통 규칙	마을 지도 조종하기	조건	마을을 탐험하며, 신호등 놀이해요.
28	동물과 먹이	엠타이니 선호 음식 조건	조건	엠타이니가 좋아하는 음식을 찾아요.
29	동물과 먹이	토비 선호 음식 조건	조건	토비를 행복하게 하자.
30	동물과 먹이	마일로 선호 활동 조건	조건	마일로가 좋아하는 것
31	동물과 먹이	힘내! 치카!	조건	힘내! 치카!
32	환경오염, 보호	쓰레기를 치우자	조건	마을 도로를 깨끗하게 하자.
33	환경오염, 보호	쓰레기를 치우자	조건	마을 도로를 똑똑하게 청소하자.
34	환경오염, 보호	계속해서 쓰레기를 치우자	조건, 반복	마을 도로를 계속 청소하자.
35	교통기관, 교통 규칙	엠타이니 헬리콥터 만들기	로봇공학	엠타이니 헬리콥터 만들기
36	교통기관, 교통 규칙	마을 탐험하기 (왼쪽)	인간-로봇 상호작용	마을 탐험하기 (교통수단)
37	동네모습, 기관, 이웃	마을 탐험하기 (오른쪽)	인간-로봇 상호작용	마을 탐험하기 (동네모습)
38	동네모습, 기관, 이웃	이웃을 돕자	반복	코끼리 소방관님 계속 힘내세요.
39	동네모습, 기관, 이웃	이웃을 돕자	반복	엠타이니는 마을 해설사
40	동네모습, 기관, 이웃	마을 버스로 변신하자	반복	엠타이니는 우리 마을 버스 운전사
41	동네모습, 기관, 이웃	마을 버스로 변신하자	조건반복(루프)	우리 마을 버스 일등 운전사, 엠타이니
42	동네모습, 기관, 이웃	경찰차로 변신(최단거리)	알고리즘	도와줘요. 엠타이니!
43	동네모습, 기관, 이웃	구급차로 변신(최단거리)	알고리즘	빨리와요. 엠타이니!
44	생활용구, 미디어	생활 도구 이용	알고리즘	엠타이니 하루 이야기 만들기
45	생활용구, 미디어	생활 도구 이용	알고리즘	토비야, 마일로야, 치카야 함께 놀자.

코딩 카드 소개

기억 카드   시작 카드

직진 카드   자회전 카드   우회전 카드

반복 카드

조건반복 카드

조건 카드

행복   윙크   화남   슬픔   무서움   어지러움   졸림

표정 카드

테마 지도 소개

테마 지도 소개

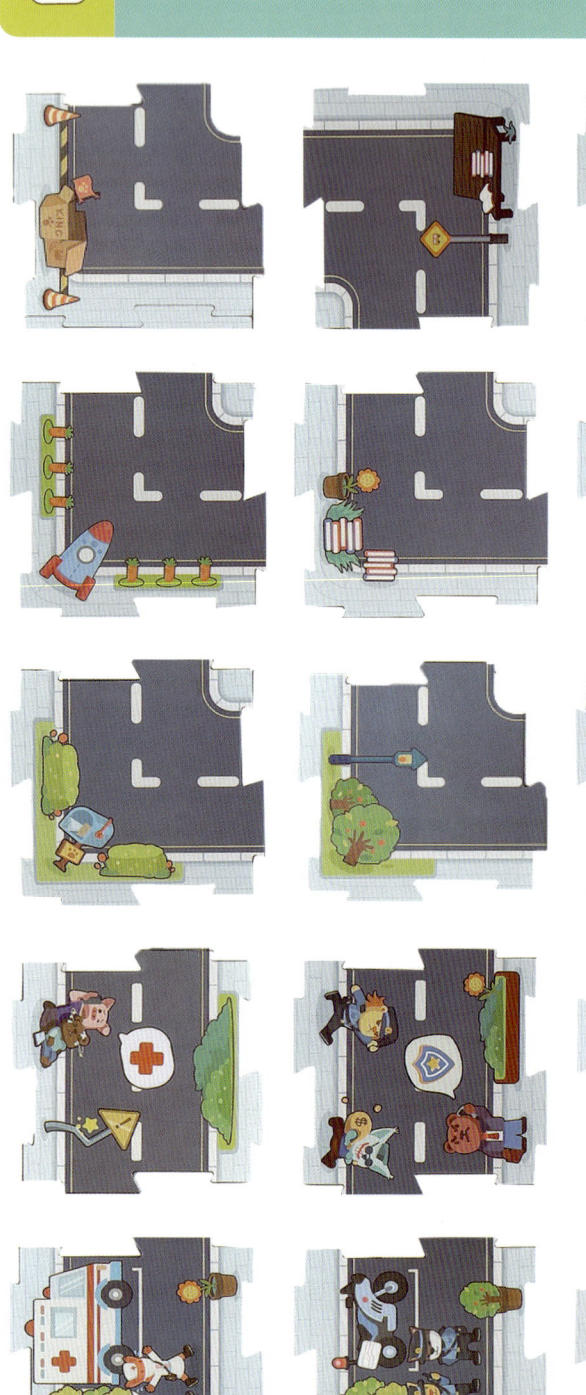

수 료 증

이름 :

슈퍼트랙 엠타이니 입문 과정을
성실하게 마쳤음을 확인합니다.

2020 년   월   일

㈜ 슈퍼트랙

MEMO

MEMO

MEMO

OneTheCode
아이들의 상상력을 깨우는 단 하나의 코딩교육

(주) 슈퍼트랙

2015년 서울대 MBA 동문들에 의해 설립된 Edu Tech 기업
아마존, IBM, 메이크블록 등 글로벌 기업의 IT 교육 파트너로 학교, 기업대상 IT/코딩/로봇/STEAM교육 수행
창업진흥원 선정 콘텐츠 우수 기업

어린이 코딩 교육 플랫폼, 원더코드(OneTheCode) 운영

http://onethecode.com